Juliane Stubenrauch-Böhme

55

Stundeneinstiege Französisch

einfach, kreativ, motivierend

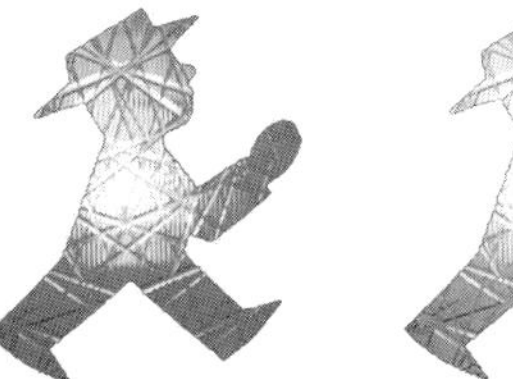

Bildquellenverzeichnis

S. 45: Blumentopf auf dem Kopf © picture alliance/dpa/Gregor Fischer

Gedruckt auf umweltbewusst gefertigtem, chlorfrei gebleichtem und alterungsbeständigem Papier.

4. Auflage 2021
Nach den seit 2006 amtlich gültigen Regelungen der Rechtschreibung

Illustrationen: Julia Flasche, Berlin, Trantow atelier, Herbolzheim
Umschlagfoto: Fotolia
Satz: tebitron gmbh, Gerlingen
Druck und Bindung: Korrekt Nyomdaipari Kft.
ISBN 978-3-403-**06802**-0

www.auer-verlag.de

Womit soll ich meine Stunde beginnen?

Stunde für Stunde stellt sich – nach den üblichen Stundeneröffnungsritualen wie Begrüßung und Kontaktaufnahme – aufs Neue die Frage nach dem Unterrichtseinstieg. Jede Stunde ist ein neuer Anfang und oft fällt es schwer, abwechslungsreiche und motivierende Einstiege in die Unterrichtsstunde bzw. in ein neues Thema zu finden. Und nicht selten beginnt man die Stunde mit der Frage *„Qu'est-ce qu'on a fait la dernière fois?"* oder mit der Besprechung der Hausaufgabe.

Diese Handreichung stellt für den Einstieg einen Pool an verschiedenen Methoden bereit, um gleich zu Beginn der Stunde

- die Neugier der Schüler[1] auf das neue Thema zu wecken,
- die Lernbereitschaft der Schüler zu stimulieren,
- schülerzentriertes Arbeiten zu fordern und zu fördern,
- einer passiven Konsumentenhaltung der Schüler vorzubeugen,
- die Motivation zu fördern,
- Kreativität und Fantasie anzuregen,
- das „Ankommen" zu erleichtern,
- zu einem Thema hinzuführen,
- Wissen zu festigen,
- bereits Gelerntes zu überprüfen,
- Vorwissen abzurufen und daran anzuknüpfen,
- bekannte Kenntnisse und Gewohnheiten zu verfremden und infrage zu stellen.

Alle hier beschriebenen Einstiege benötigen ca. 2 bis 10 Minuten, sodass der Hauptteil der unterrichtlichen Arbeit wie gewohnt auf die Phasen der Erarbeitung, der Ergebnissicherung und der Vertiefung bzw. des Transfers entfällt. Die Anregungen ermöglichen immer den nahtlosen Übergang zur Hausaufgabenbesprechung oder zur Erarbeitung des Stundenthemas.

Alle Vorschläge wurden im Unterricht erprobt und können jederzeit an die spezifischen Bedürfnisse der jeweiligen Lerngruppe angepasst werden.

Einige Methoden wurden von mir entwickelt, andere sind bekannt und in der Literatur bereits häufig erwähnt und vorgestellt. Da eine eindeutige Quellenangabe nicht möglich war, habe ich darauf verzichtet.

1 Wenn in diesem Buch aus Gründen der besseren Lesbarkeit von Schülern die Rede ist, sind immer auch die Schülerinnen gemeint. Ebenso verhält es sich mit Lehrern und Lehrerinnen.

Der Aufbau der Handreichung

Die in dieser Handreichung vorgestellten Unterrichtseinstiege sind als Fundgrube zu verstehen. Zu den einzelnen Bereichen des Französischunterrichts **Wortschatz, Grammatik, Landeskunde, mündliche Ausdrucksfähigkeit** und **Umgang mit Texten und Literatur** finden sich jeweils verschiedene Methoden, die Stunde zu beginnen.

Bei jeder Methode wird angegeben, **ab welcher Jahrgangsstufe** ein Einsatz im Hinblick auf das Vorwissen der Schüler sinnvoll erscheint. Zur leichteren Orientierung sind die Einstiege dabei pro Kapitel in aufsteigender Reihenfolge angeordnet.

Zusätzlich wird auch die ungefähre **Dauer** angegeben. Selbstverständlich können die einzelnen Stundeneinstiege in ihrem Zeitrahmen und Niveau immer den individuellen Bedürfnissen und Interessen der jeweiligen Lerngruppe angepasst werden.

Wenn bestimmte **Voraussetzungen** gegeben sein müssen oder wenn **Material** vorzubereiten ist, so ist dies zu Beginn jedes Einstiegs vermerkt. Häufig können die Schüler bereits in die Vorbereitung des benötigten Materials einbezogen werden.

Die Hinweise zur **Durchführung** wurden bewusst knapp gehalten, um eine rasche Handhabung zu ermöglichen. Konkrete Beispiele verdeutlichen die Ausführungen.

Regelmäßig wiederkehrende Begriffe werden zudem durch Piktogramme veranschaulicht:

= Dauer

= Voraussetzungen

= Material

Viele Ideen konnten aus Platzgründen nur an einem bestimmten Thema illustriert werden, sind jedoch auf viele weitere Themen und auch Lernbereiche übertragbar. Unter **Weitere Hinweise** findet man Hinweise zum Einsatz, Varianten, wie man die einzelnen Methoden abwandeln kann, sowie mögliche Weiterführungen der Stunde.

Zum leichteren Wiederauffinden der einzelnen Methoden sind im **Index** alle Unterrichtseinstiege in alphabetischer Reihenfolge aufgelistet.

keine besonderen Voraussetzungen

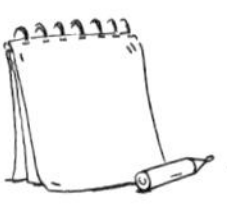

Papier/Schülerheft, Lehrbuch (eine bestimmte Seite, die festgelegt wird, oder Abschnitt aus dem Vokabelregister)

Durchführung:

- Schüler zeichnen sich eine Bingokarte mit 3 × 3 Feldern.
- Dann schreiben sie in jedes Feld eine Französischvokabel, die sie sich aus der vorher festgelegten Lehrbuchseite bzw. aus dem Abschnitt des Vokabelregisters ausgesucht haben.
- Lehrer oder ein Schüler fragt auf Deutsch willkürlich ausgewählte Vokabeln des betreffenden Abschnitts ab.
- Schüler streichen Vokabeln auf ihrer Karte an, wenn sie genannt werden.
- Gewonnen hat, wer zuerst drei aufeinanderfolgende Vokabeln angestrichen hat, sei es diagonal, horizontal oder vertikal.

Beispiel:

Mögliche Beispiele für Definitionen:

cent (*C'est dix fois dix.*)
difficile (*C'est le contraire de facile.*)
une ferme (*la maison d'un paysan*)
un veau (*une jeune vache*)
l'amour (*le substantif d'aimer*)
le temps (*Il passe vite ou lentement, mais on ne peut pas l'arrêter.*)
l'eau (*On le boit, on se lave avec et quand il fait très froid, il gèle.*)
les feuilles (*En automne les arbres les perdent.*)
peu à peu (*C'est le contraire de tout de suite.*)

Weitere Hinweise:

Anspruchsvoller wird das Spiel, wenn der Lehrer die Vokabeln nicht auf Deutsch nennt, sondern mithilfe von Definitionen oder Synonymen/Antonymen beschreibt.

Die Schüler können das Spiel auch in Gruppen spielen.

1.2 Spiegelschrift

keine besonderen Voraussetzungen

Overheadprojektor und Folie oder Tafel

Durchführung:

- Lehrer legt eine Folie verkehrt herum auf oder schreibt einen Begriff/Satz in Spiegelschrift an die Tafel.
- Schüler entschlüsseln den Begriff und lesen ihn vor.
- Durch Umdrehen der Folie bzw. Anschreiben des Begriffs/Satzes an der Tafel wird die Lösung präsentiert.

Beispiel:

Baguette

Weitere Hinweise:

Es kann auch ein längerer Text in Spiegelschrift präsentiert werden, zu dem die Schüler Stellung nehmen müssen.

Als Hausaufgabe kann ein Schüler den Auftrag erhalten, einige neue Vokabeln in Spiegelschrift auf Folie festzuhalten.

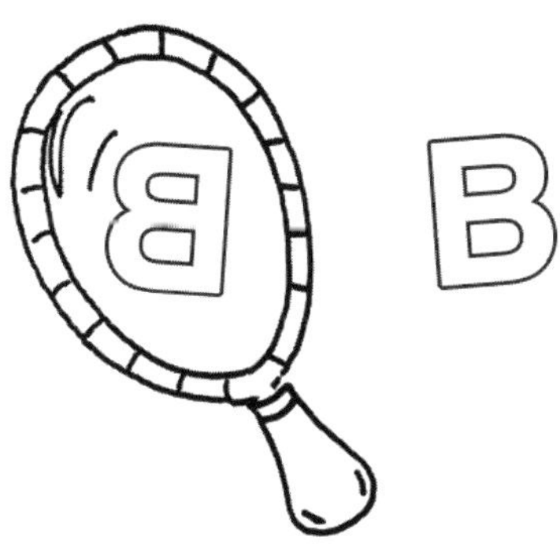

1.3 Lautschrift

ca. 3 Min. | ab 1. Lj.

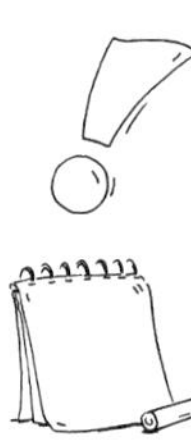

Lautschrift ist größtenteils bekannt

Overheadprojektor und Folie oder Tafel

Durchführung:

- Lehrer legt eine Folie mit einem Begriff/Satz in Lautschrift auf oder schreibt einen Begriff/Satz in Lautschrift an die Tafel.
- Schüler lesen den transkribierten Begriff/Satz vor.
- Durch Umdrehen der Folie bzw. Anschreiben des Begriffs/Satzes an der Tafel wird die Lösung präsentiert.

Beispiele:

[ɛ̃vwazɛ̃]

[ləvɔkabylɛʀ]

[tytapɛlkɔmɑ̃]

Weitere Hinweise:

Wenn einzelne Wörter transkribiert werden, muss darauf geachtet werden, dass die Wörter in einen situativen Kontext eingebettet werden.

Man kann die Schüler auch auffordern, die entschlüsselten Wörter an der Tafel zu fixieren, um den Zusammenhang zwischen Laut- und Schriftbild auch optisch herzustellen.

Als Hausaufgabe kann ein Schüler beauftragt werden, einige Schlüsselbegriffe der letzten Stunde in Lautschrift auf Folie festzuhalten.

keine besonderen Voraussetzungen

Overheadprojektor und Folie oder Tafel, Wortgruppen

Durchführung:

- Lehrer gibt eine Reihe von Wörtern vor, wovon ein Wort entweder inhaltlich oder aufgrund einer orthografischen Besonderheit (z. B. kann ein Wort mit einem anderen Buchstaben beginnen) nicht in die Gruppe passt.
- Die Schüler finden den Eindringling (*l'intrus*).

Beispiele:

1. *charcuterie – boulangerie – pharmacie – mairie*
2. *un gâteau aux noix – une tarte aux pommes – un baba au rhum – un gratin dauphinois – une religieuse*
3. *aller – sortir – partir – marcher – mourir*
4. *école – leçon – salle – professeur – table*
5. *le Liban – la Syrie – la Jordanie*
6. *l'Algérie – le Maroc – la Tunisie – la Libye*

Lösungen:

1. *«Mairie» est l'intrus parce que ce n'est pas un magasin.*
2. *«Gratin dauphinois» est l'intrus parce que ce n'est pas un dessert.*
3. *«Marcher» est l'intrus parce que ce verbe ne se conjugue pas avec être.*
4. *«Professeur» est l'intrus parce que c'est un substantif masculin.*
5. *«La Jordanie» est l'intrus parce qu'en Jordanie la langue officielle est l'arabe.*
6. *«La Libye» est l'intrus parce que la Libye ne fait pas partie du Maghreb.*

Weitere Hinweise:

Bei einer schwächeren Gruppe ist es ratsam, die Wörter an der Tafel oder auf Folie zu fixieren.

Im Anschluss können die Schüler aufgefordert werden, Sätze mit den Begriffen zu bilden oder ausgehend von diesen Begriffen eine Geschichte zu schreiben.

Schüler beherrschen das Alphabet auf Französisch

Tafel

Durchführung:

- Lehrer wählt einen Begriff und malt für jeden Buchstaben des Begriffs einen waagerechten Strich an die Tafel.
- Schüler müssen die Buchstaben des Worts erraten.
- Ist der genannte Buchstabe im Wort enthalten, wird er an der entsprechenden Stelle an die Tafel geschrieben. Wenn der genannte Buchstabe nicht in dem Wort vorkommt oder nicht korrekt ausgesprochen wird, wird begonnen, *le pendu* (das Galgenmännchen) zu zeichnen bzw. wird er mit jeweils einem Strich weitergezeichnet.
- Schüler versuchen, das Wort zu erraten, bevor *le pendu* zu Ende gemalt ist.

Beispiele:

__ __ __ __ __ __ __ __ __
c o r n i c h o n

__ __   __ __ __ __ __ __ __   __   __ __ __ __ __
l a   p l a n c h e   à   v o i l e

Weitere Hinweise:

Das Spiel kann auch als Wettbewerb zwischen zwei Gruppen gestaltet werden. Auch Schüler können sich Wörter ausdenken, die die Mitschüler dann erraten sollen. Der Lehrer sollte darauf achten, dass der gewählte Begriff zum Thema der Stunde hinführt.

Variante: Im 2. Lernjahr können die Schüler angehalten werden, Fragen zu stellen anstatt Buchstaben zu erraten. Wenn die Frage nicht korrekt formuliert oder die Antwort negativ ist, beginnt man, *le pendu* zu zeichnen. Bei dieser Version sollte der Lehrer allerdings das Thema vorgeben.

Beispiel:

métier: i __ __ __ __ __ __ __ r	*ingénieur*
Est-ce que c'est un travail dur?	*...*
Travaille-t-on à l'intérieur?	*Est-ce «l'ingénieur»? Oui.*
Est-ce qu'il faut faire des études pour ce métier?	

1.6 *Les mots croisés*

ca. 5 Min. ab 1. Lj.

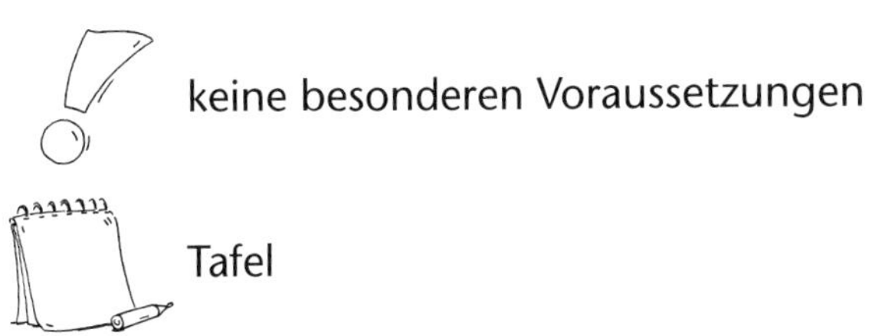

keine besonderen Voraussetzungen

Tafel

Durchführung:

- Klasse wird in zwei Gruppen geteilt.
- Lehrer schreibt waagrecht in die Mitte der Tafel einen Begriff in Großbuchstaben.
- Abwechselnd nennen die Gruppen nun ein thematisch verwandtes Wort, das sich entweder mit dem Ausgangswort oder einem der anderen Wörter kreuzt, die bereits an der Tafel stehen.

Beispiel:

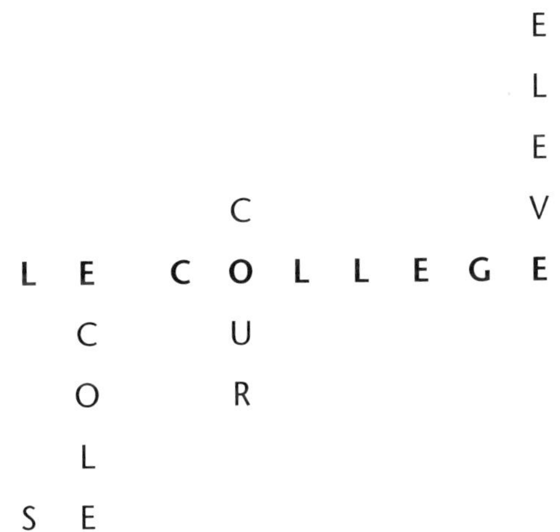

Weitere Hinweise:

Die Schüler können im Anschluss mit den gesammelten Begriffen Sätze bilden.

Mit entsprechenden Computerprogrammen kann man auch Kreuzworträtsel erstellen, bei denen zu vorgegebenen Umschreibungen Begriffe gefunden und eingetragen werden müssen. Die Formulierung der Umschreibungen kann man die Schüler als Hausaufgabe vorbereiten lassen.

keine besonderen Voraussetzungen

Tafel

Durchführung:

- Lehrer schreibt Buchstaben eines Begriffs, der zum Thema der Stunde überleitet, in ungeordneter Reihenfolge an die Tafel.
- Schüler müssen erraten, um welches Wort es sich handelt.

Beispiele:

astreuratn = *(un) restaurant*

rncfahonpeio = *(la) francophonie*

titlreuraté = *(la) littérature*

Weitere Hinweise:

Ausgehend von dem erratenen Begriff können die Inhalte der letzten Stunde wiederholt werden.

Die Buchstaben der jeweiligen Wörter können auch in alphabetischer Reihenfolge an die Tafel geschrieben werden.

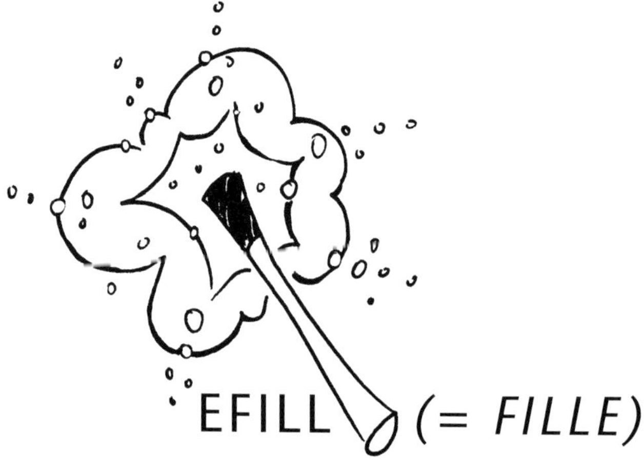

keine besonderen Voraussetzungen

Overheadprojektor und Folie oder Arbeitsblatt

Durchführung:

- Lehrer präsentiert ein Buchstabengitter auf Folie.
- Schüler müssen möglichst schnell die im Gitter enthaltenen Begriffe finden (senkrecht, waagrecht, diagonal – hier grau hinterlegt). Als Hilfe kann man die Anzahl der versteckten Wörter angeben.

Beispiel:

s	f	c	i	t	r	o	n
b	e	g	t	e	b	u	i
w	a	o	r	i	c	t	s
a	c	n	d	l	s	u	o
o	b	r	a	h	w	n	j
l	k	e	b	n	e	f	f
t	o	m	a	t	e	m	l
a	e	d	n	m	g	d	s

Weitere Hinweise:

Die Schüler können auch zu Hause Buchstabengitter für ihre Mitschüler vorbereiten.

Variante 1:

Man kann am Rand des Buchstabengitters die deutschen Begriffe vorgeben und die Schüler suchen im Gitter die französischen Entsprechungen.

Variante 2:

Am Rand werden Definitionen der Begriffe vorgegeben, die die Schüler im Gitter suchen.

keine besonderen Voraussetzungen

Kärtchen mit Buchstaben, Kärtchen mit Aufgaben

Durchführung:

- Lehrer stellt zwei Kartenstapel zur Verfügung: einen Kartenstapel mit Buchstaben und einen Kartenstapel mit Aufgaben.
- Schüler zieht eine Aufgabenkarte und liest die Aufgabe vor.
- Dann nimmt er eine Buchstabenkarte und nennt den Buchstaben, der auf der Karte steht.
- Nun müssen die Mitschüler möglichst schnell die Aufgabe beantworten mit einem Begriff, der mit dem gezogenen Buchstaben beginnt.

Beispiel:

Quelque chose à manger avec …

Réponse: une tarte Tatin

Weitere Hinweise:

Dieser Einstieg eignet sich besonders für die Wiederholung der neuen Vokabeln.

Die Schüler können als Hausaufgabe den Auftrag erhalten, entsprechende Aufgabenkärtchen zum neuen Wortschatz zu erstellen.

keine besonderen Voraussetzungen

Tafel, Schülerheft oder Folienschnipsel mit jeweils einer Vokabel, evtl. Fotos auf Folie und Overheadprojektor

Durchführung:

- Lehrer liest zehn Vokabeln langsam vor.
- Danach werden Schüler aufgefordert, alle Vokabeln, an die sie sich erinnern können, aufzuschreiben. Am besten in der Reihenfolge, in der sie vorgetragen wurden.
- In der nächsten Runde schreibt der Lehrer die Vokabeln an die Tafel und gibt den Schülern ca. 30 Sekunden Zeit, sie sich einzuprägen, bevor die Vokabeln verdeckt oder ausgewischt werden.
- Anschließend wird verglichen, wer sich in welcher Runde die meisten Wörter merken konnte.

Weitere Hinweise:

Ein Gespräch über die verschiedenen Lerntypen bietet sich an, wenn der Lehrer noch eine Runde anschließt, in der die Begriffe an die Tafel gezeichnet werden.

Anstelle des Anschreibens an die Tafel können die Vokabeln auch auf Folienschnipseln am Overheadprojektor präsentiert werden.

Auf diese Weise können nicht nur Vokabeln der aktuellen Lektion oder eines bestimmten Wortfeldes wiederholt werden, sondern auch grammatische Phänomene, wie beispielsweise den *subjonctif* auslösende Konjunktionen.

Variante: Gedächtnistest mit Bildern

Der Lehrer kann der Klasse auch 20 Sekunden lang ein Bild auf Folie präsentieren.

Dann wird der Overheadprojektor ausgeschaltet und die Schüler müssen aus dem Gedächtnis Fragen zum Bild beantworten.

Beispiele:

De quelle couleur est …?

Décris les vêtements des personnes.

Qu'est-ce qui se trouve à côté de … ?

keine besonderen Voraussetzungen

Tafel oder Overheadprojektor mit Folie, evtl. Stoppuhr

Durchführung:

- Lehrer schreibt einen Begriff in die Mitte der Tafel.
- Schüler nennen spontan, was ihnen zu diesem Begriff einfällt.
- Lehrer notiert die Schüleräußerungen.

Beispiel: La cuisine: – *les légumes* – *les entrées* – *les desserts* – *les pâtisseries* …

Weitere Hinweise:

Steht das Brainstorming am Anfang einer Unterrichtseinheit, kann es als Basis für die weitere Beschäftigung mit dem Thema dienen. Dann sollte die Fixierung der Schüleräußerungen allerdings nicht an der Tafel, sondern auf einer Folie erfolgen.

Variante Mindmapping: Soll die Niederschrift der Schüleräußerungen bereits strukturiert erfolgen und sollen die Schüler zur Ordnung ihrer Gedanken angeregt werden, bietet es sich an, direkt eine Mindmap zu erstellen.
Der Lehrer gibt hierfür in der Mitte der Tafel ein Thema oder einen Oberbegriff vor. Die Schüler nennen zunächst die Unteraspekte, in die man das Thema gliedern kann, bevor sie passende Begriffe zu diesen Oberbegriffen nennen.

Beispiel:

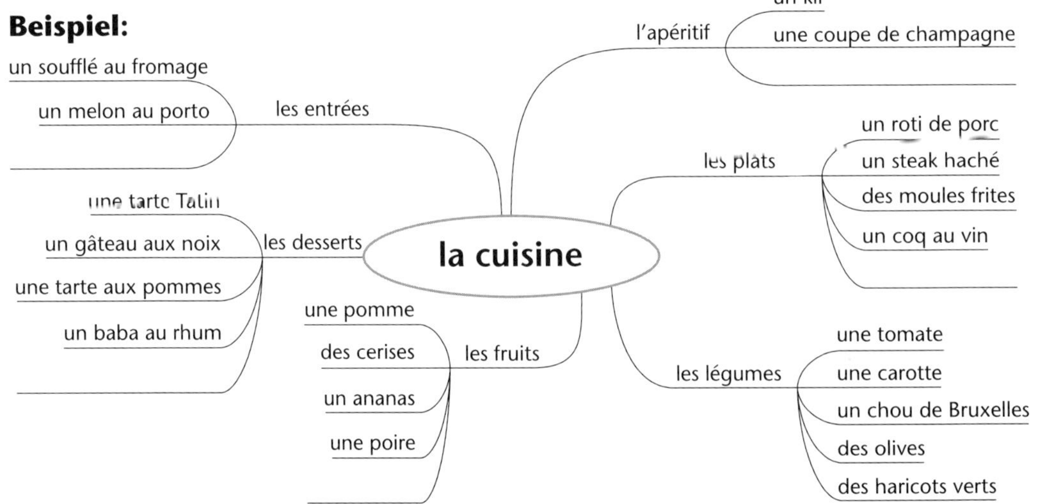

1.12 Wörter raten

Schüler beherrschen das Alphabet.

Overheadprojektor und Folie, Tafel oder Schülerheft

Durchführung:

- Klasse wird in zwei Gruppen geteilt, die gegeneinander spielen.
- Lehrer bzw. ein Schüler notiert sich ein Wort und fordert seine Mitschüler auf, es zu erraten.
- Allerdings werden nur der erste und der letzte Buchstabe des zu erratenden Wortes genannt.
- Gruppe, die das Lösungswort als Erste errät, erhält einen Punkt.

Beispiel:

La première lettre est un ***f*** *et la dernière lettre est un* ***e****.*

C'est donc le ***fromage****.*

Weitere Hinweise:

Um die Dynamik zu erhöhen, ist es sinnvoll, ein Wortfeld vorzugeben bzw. die Auswahl der zu erratenden Wörter auf den aktuell zu erlernenden Wortschatz zu beschränken.

keine besonderen Voraussetzungen

Schülerheft

Durchführung:

- In Anlehnung an das Spiel „Stadt – Land – Fluss" zeichnen die Schüler vier Spalten mit verschiedenen Oberbegriffen in ihr Heft.
- Ein Schüler beginnt, lautlos das Alphabet aufzusagen. In dem Moment, in dem ein anderer Schüler „Stopp" sagt, nennt der Abc-Schüler den Buchstaben, an dem er gerade angelangt ist.
- Jetzt müssen die Schüler Wörter, die mit diesem Buchstaben beginnen, in die entsprechenden Spalten eintragen.
- Wer zuerst seine Tabelle ausgefüllt hat, ruft laut „Stopp" und es werden alle Lösungen im Plenum vorgelesen.

Beispiel:

un verbe	un substantif	un adjectif	un adverbe
se baigner	une baguette	bon/-ne	bien
mourir	une maladie	moche	mieux
...			

Weitere Hinweise:

Das Spiel kann als Wettbewerb gestaltet werden, wenn Punkte vergeben werden. Für ein Wort, das ein anderer Schüler auch gefunden hat, werden 5 Punkte vergeben, verschiedene Wörter werden mit 10 Punkten bewertet und wer als Einziger ein Wort für eine der Kategorien gefunden hat, erhält 20 Punkte.

Das Spiel kann auch mit anderen Kategorien gespielt werden: *un pays, une ville française, un fleuve français, une profession …*

Im Anschluss können die Schüler aufgefordert werden, jeweils mit den Wörtern einer Spalte einen Satz zu bilden:

C'est mieux de porter de vêtements moches que de mourir d'une maladie grave.

.14 Tabu

Schüler verfügen über einen gewissen Wortschatz

Karten mit jeweils zu erklärendem Wort (hervorgehoben) und den „Tabu"-Wörtern

Durchführung:

- Schüler werden in Gruppen aufgeteilt, die gegeneinander spielen.
- Ein Schüler erhält eine Karte und erklärt den hervorgehobenen Begriff, ohne dabei die darunterstehenden „Tabu"-Wörter oder den Begriff selbst zu benutzen.
- Wird ein „Tabu"-Wort verwendet, muss ein neuer Begriff erklärt werden.
- Wer einen Begriff erraten hat, darf den nächsten erklären.
- Jedes Team hat abwechselnd eine Minute Zeit, um Begriffe zu erklären und zu erraten.
- Für jeden erratenen Begriff erhält das jeweilige Team einen Punkt. Gewonnen hat, wer die meisten Punkte erzielt hat.

Beispiele:

le dimanche	***le livre***	***la maison***	***une armoire***
le week-end	*la littérature*	*vivre*	*un meuble*
libre	*lire*	*le bâtiment*	*les vêtements*
la semaine	*la page*	*la chambre*	*le bois*

Weitere Hinweise:

Dynamischer wird das Spiel, wenn die Begriffe paarweise von zwei Mitgliedern aus den unterschiedlichen Teams erklärt werden: Die beiden Schüler nennen jeweils abwechselnd einen erklärenden Satz. Die Gruppe des Schülers, die den Begriff errät, erhält den Punkt.

Der Lehrer kann den Schwierigkeitsgrad mit der Anzahl der „Tabu"-Wörter variieren. Je mehr Begriffe nicht verwendet werden dürfen, desto schwieriger wird die Erklärung.

Die Schüler können am Ende einer Einheit aufgefordert werden, als Hausaufgabe „Tabu"-Karten zum neuen Wortschatz zu erstellen.

keine besonderen Voraussetzungen

Tafel, Schülerheft

Durchführung:

- Lehrer schreibt den ersten Begriff der Wortkette an die Tafel.
- Der Reihe nach nennen Schüler Begriffe, die jeweils mit dem Endbuchstaben des vorherigen Wortes beginnen.
- Jedes Wort darf nur einmal benutzt werden.
- Akzente bleiben unberücksichtigt (z. B. *école* → *études*).

Beispiel:

écolelèvetudesourisalletagèresecrétaire

Weitere Hinweise:

Werden Begriffe zu einem bestimmten Thema gesucht, können die Schüler mit den Begriffen eine kurze Geschichte oder einen Dialog erfinden.

keine besonderen Voraussetzungen

Schülerheft

Durchführung:

- Schüler notieren das Abc in ihre Hefte und lassen hinter jedem Buchstaben ausreichend Platz für mindestens eine Vokabel mit Artikel.
- Lehrer nennt ein Thema.
- Zu diesem Thema müssen Schüler nun zu jedem Buchstaben des Abcs ein Nomen mit Artikel notieren.
- Im Anschluss werden alle Ergebnisse zu jedem Buchstaben vorgetragen.

Beispiel:

Wortfeld: *Les vêtements*

A *un anorak*	E *une écharpe*	I *un imperméable*
B *une blouse*	F *un foulard*	J *une jupe*
C *une cravate*	G *un gilet*	K *un képi*
D *les dessous*	H *un habit*	…

Weitere Hinweise:

Zeitsparender ist es, das Spiel in Partner- oder Gruppenarbeit durchzuführen. Will man die Ergebnisse dauerhaft fixieren, bietet es sich an, das Abc mit den genannten Begriffen auf einem Plakat zu notieren.

Variante:
Der Lehrer schreibt Vokabeln, bei denen die Buchstaben „alphabetisch" geordnet sind, an die Tafel oder projiziert sie an die Wand. Die Schüler müssen erkennen, um welche Vokabeln es sich handelt.

Beispiele:

aalnnopt	*(un) pantalon*
aacehpu	*(un) chapeau*
ceehims	*(une) chemise*
béert	*(un) béret*

Achtung:
Es ist fast unmöglich, Wörter zu finden, die mit den Buchstaben H, K, Q, W, X, Y, Z beginnen. Diese Buchstaben kann man natürlich ausnehmen.

keine besonderen Voraussetzungen

Tafel

Durchführung:

- Lehrer schreibt ein möglichst langes Wort an die Tafel.
- Schüler müssen nun einzeln oder in Gruppen aus den Buchstaben des Wortes möglichst viele neue Wörter bilden.
- Alle Formen sind erlaubt, Akzente und *cédilles* müssen nicht berücksichtigt werden.

Beispiel:

télésurveillance

→ *sur*

→ *lancer*

→ *la veille*

→

→

Weitere Hinweise:

Soll der Einstieg etwas leichter sein, dürfen die Schüler alle Buchstaben, die im Ausgangswort vorkommen, beliebig oft verwenden.

Schwieriger wird der Einstieg, wenn die Buchstaben jeweils nur einmal benutzt werden dürfen oder nur in der Reihenfolge, in der sie im Wort vorkommen.

Variante:

Der Lehrer kann auch ein kurzes Wort vorgeben und die Schüler müssen möglichst viele Wörter finden, die denselben Stamm haben. Zur Erleichterung kann man zuvor einige Präfixe und Suffixe an der Tafel sammeln.

keine besonderen Voraussetzungen

Karten mit Vokabeln und Anweisungen, Overheadprojektor und Folie oder Tafel

Durchführung:

- Schüler werden in zwei Gruppen aufgeteilt, die gegeneinander spielen.
- Ein Schüler zieht eine Karte und versucht, seinem Team den Begriff entsprechend der Anweisung auf der Karte (*explique, joue, dessine*) zu erklären.
- Jeweiliges Team versucht, den Begriff zu erraten.
- Für jeden erratenen Begriff erhält das Team einen Punkt.
- Wer den Begriff errät, darf die nächste Karte ziehen.
- Nach einer Minute darf das andere Team erklären und raten.

Beispiele:

un boulanger JOUE	une fraise EXPLIQUE	une tasse de thé DESSINE	un supermarché EXPLIQUE
à emporter JOUE	la crème chantilly JOUE	le chou de Bruxelles DESSINE	le produit naturel EXPLIQUE
la volaille JOUE	riche en vitamines EXPLIQUE	dégoutant, -e JOUE	une tomate DESSINE

Weitere Hinweise:

Handelt es sich bei den Wörtern um den aktuellen Lehrbuchtext bzw. zentrale Begriffe der letzten Stunde, kann sich die Wiederholung nahtlos anschließen.

keine besonderen Voraussetzungen

kein Material

Durchführung:

- Klasse wird in mehrere Teams eingeteilt.
- Lehrer gibt ein Wort vor.
- Nun müssen die Teams der Reihe nach ein Wort der gleichen Wortfamilie nennen.
- Pro Wort wird ein Punkt vergeben. Gewonnen hat das Team mit den meisten Punkten.

Beispiele:

1. *habiter: un habitant, une habitation, habitable …*
2. *une nation: une nationalité, international, le nationalisme …*
3. *étudier: les études, un étudiant, étudié, -e …*

Weitere Hinweise:

Die Gruppen können auch wechselweise das Ausgangswort nennen.
Hierzu bietet sich die Verwendung eines einsprachigen Wörterbuchs an.

keine besonderen Voraussetzungen

Overheadprojektor und Folie mit Testfragen

Durchführung:

- Lehrer legt Folie mit Testfragen auf.
- Schüler müssen der Reihe nach die Fragen beantworten.

Beispiele:

Mettez le verbe entre parenthèses au temps et à la mode voulu par le contexte.

1. *Il vaut mieux que tu ________________ (venir) tout seul.*
2. *Je trouve normal que les enfants ________________ (aider) leurs parents.*
3. *Elle déteste que vous le ________________ (prendre) en photo.*
4. *Elle est surprise qu'ils ________________ (ne pas avoir encore téléphoner).*
5. *Poissons:* *Vous ________________ (avoir) intérêt à exposer vos idées clairement. Les copains de votre club sportif vous ________________ (soutenir).*
6. *Capricorne:* *Des tempêtes en perspective. Bientôt, ça ________________ (aller) mieux. Vos amis vous ________________ (écouter). Vous ________________ (devoir) accepter un peu de fatigue.*
7. *Bélier:* *Vous ________________ (être) en pleine forme. Vos succès vous ________________ (pousser) à flirter. Beaucoup d'événements ________________ (venir) pimenter votre vie sentimentale.*

Weitere Hinweise:

Teilt man die Klasse in zwei Gruppen, die gegeneinander spielen, kann man das Spiel auch als Wettbewerb gestalten.

Die Schüler können als Hausaufgabe Testfragen zu aktuellen Lerninhalten erarbeiten.

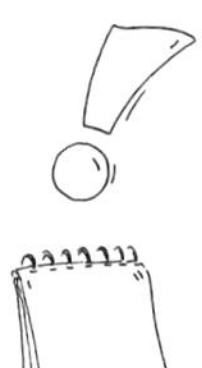

Schüler kennen die Regeln zur Verschiebung der Zeiten in der indirekten Rede bzw. die Zahlen

kein Material

Durchführung:

- Ein Schüler flüstert seinem Nachbarn einen Satz mit mehreren Wörtern ins Ohr.
- Schüler gibt das, was er verstanden hat, flüsternd an seinen Nachbarn weiter.
- Letzter Schüler in dieser Reihe muss das, was er verstanden hat, in indirekter Rede laut wiederholen.
- Schüler, der den Satz auf die Reise geschickt hat, sagt laut in indirekter Rede, was er tatsächlich ins Ohr geflüstert hat.

Beispiel:

Je n'ai jamais dit ça. ***Max a dit qu'il n'avait jamais dit ça.***

Weitere Hinweise:

Besonders geeignet ist dieses Spiel zum Einüben schwieriger Vokabeln oder hoher Zahlen mit mindestens 4 Stellen: *quatre mille six cent quatre-vingt dix-neuf* (4 699).

Um den Schwierigkeitsgrad zu erhöhen, kann man die Zahl auch durch eine Rechenaufgabe ersetzen.

Beispiele:

trois fois neuf font vingt-sept. (3 × 9 = 27)

quatre-vingt-trois et cinq font quatre-vingt-huit. (83 + 5 = 88)

2.3 Grammatikfußball

 ca. 3 Min.

ab 1. Lj.

keine besonderen Voraussetzungen

Overheadprojektor und Fußballfeld auf Folie, eine Spielfigur

Durchführung:

- Klasse wird in zwei Gruppen geteilt, die gegeneinander spielen.
- Lehrer stellt eine Frage.
- Gruppe, die die richtige Antwort als Erste nennt, rückt die Spielfigur eine Position weiter in Richtung auf das gegnerische Tor. (Ausgangspunkt ist der Mittelpunkt des Spielfeldes im Anstoßkreis, die einzelnen Positionen sind mit Kreuzen bzw. Dreiecken markiert.)
- Nennt die andere Gruppe bei der nächsten Frage die richtige Antwort zuerst, wird die Spielfigur wieder in die andere Richtung gerückt.
- Gewonnen hat, wer die meisten Tore geschossen hat.

Beispiel:

Mögliche Fragen:

Le participe passé du verbe accueillir.

Le participe passé du verbe mourir.

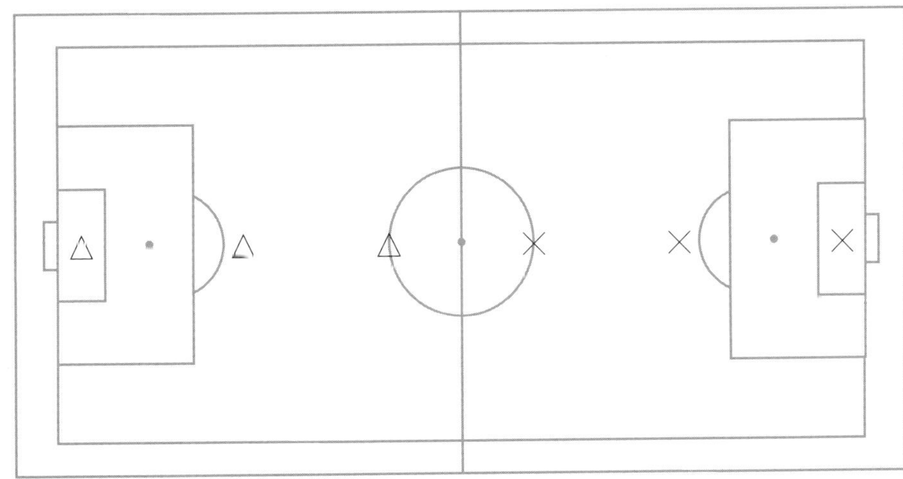

Weitere Hinweise:

Die Schüler können als Wiederholung aktueller Lerninhalte Fragen als Hausaufgabe vorbereiten.

Schüler kennen die verschiedenen Tempora

Tafel oder Overheadprojektor und Folie, evtl. Karten mit verschiedenen Zeitangaben

Durchführung:

- Lehrer schreibt einen einfachen Satz an die Tafel.
- Dann zeigt er der Klasse eine Karte mit einer Zeitangabe und der Satz muss entsprechend verändert werden.
- Nachdem der Satz mehrmals umgeformt wurde, wird ein Satz mit Nebensatz angeschrieben und wiederum nach den Angaben auf den Karten verändert.

Beispiel:

Danielle va au cinéma.

***Hier**, Danielle est allée au cinéma.*

***Demain**, Danielle ira au cinéma.*

***A 21 h**, Danielle va aller au cinéma.*

Weitere Hinweise:

Anstelle der Karten kann der Lehrer die Zeitangaben auch an die Tafel schreiben und bei jeder Umformung auf eine der Zeitangaben deuten.

Besonders geeignet ist dieses Spiel zum Einüben schwieriger Verbformen und zur Wiederholung der verschiedenen Tempora.

2.5 Sätze verlängern

keine besonderen Voraussetzungen

Karten mit Ausgangssätzen oder mit Wörtern verschiedener Wortarten

Durchführung:

- Lehrer gibt einen Ausgangssatz vor.
- Schüler müssen nun der Reihe nach den Satz wiederholen und ihn verlängern. Die Verlängerung kann am Satzanfang oder am Satzende stattfinden.
- Der Satz muss ohne Fehler wiederholt werden. Wem ein Fehler unterläuft, der scheidet aus.

Beispiele:

1. Ausgangssatz: *Hier, je suis allé(e) au cinéma.*

   Schülerin 1: *Hier, Mme/M. XX est allé(e) au cinéma, et moi, je suis allée chez ma copine.*

   Schüler 2: *Hier, Mme/M. XX est allé(e) au cinéma, Tanja est allée chez sa copine et moi, je ...*

   ...

2. Ausgangssatz: *Si le soleil brillait, j'irais à la piscine.*

   Schülerin 1: *Si le soleil brillait, Mme/M. XX irait à la piscine, et moi, je jouerais au tennis.*

   Schüler 2: *Si le soleil brillait, Mme/M. XX irait à la piscine, Tanja jouerait au tennis et moi, je ...*

   ...

Weitere Hinweise:

Variante

Die Schüler erhalten Karten mit Wörtern verschiedener Wortarten, aus denen ein möglichst langer Satz gebildet werden soll.

Im Plenum werden die verschiedenen Sätze vorgelesen.

Gewonnen hat, wer den längsten korrekten Satz gebildet hat.

keine besonderen Voraussetzungen

Tafel, Schülerheft, pro Schüler ein Würfel

Durchführung:

- Lehrer schreibt die Zahlen 1 bis 6 senkrecht untereinander.
- Hinter jede Zahl schreibt er ein Verb.
- Dann beginnt er, eine Geschichte zu erzählen und ruft nach zwei bis drei Sätzen einen Schüler auf.
- Dieser Schüler würfelt und muss nun das erwürfelte Verb in der Fortsetzung der Geschichte benutzen. Nach zwei bis drei Sätzen bestimmt er einen Mitschüler, der die Geschichte weitererzählt usw.

Beispiel:

1. *acheter*
2. *courir*
3. *manger*
4. *téléphoner*
5. *oublier*
6. *danser*

Weitere Hinweise:

Um die Vergangenheitstempora zu wiederholen, muss der Lehrer den Beginn der Geschichte in die Vergangenheit legen und entsprechende Zeitangaben verwenden. Es bietet sich auch an, unregelmäßige Verben verwenden zu lassen.

Variante:

Die Schüler können aufgefordert werden, sechs bis sieben Wörter zu nennen, die an die Tafel geschrieben werden.

Ausgehend von diesen Wörtern müssen die Schüler sich innerhalb von fünf Minuten kurze Geschichten ausdenken, die dann im Plenum präsentiert werden.

2.7 Changements

Schüler kennen die Regeln der Passivbildung

Tafel oder Overheadprojektor und Folie, Wortgruppen

Durchführung:

- Alle Schüler schauen sich das Klassenzimmer ganz genau an und versuchen, sich möglichst viele Einzelheiten einzuprägen.
- Dann gehen drei Zweierteams vor die Tür.
- Mitschüler verändern währenddessen möglichst viele Details im Klassenzimmer.
- Ein Schüler hält alle Veränderungen schriftlich fest.
- Die Zweierteams werden hereingerufen und müssen auf die Frage *Qu'est-ce qui a été changé?* antworten.
- Innerhalb von zwei Minuten müssen die Teams so viele Veränderungen wie möglich bemerken.
- Das Team, das die meisten Veränderungen bemerkt hat, hat gewonnen.

Beispiele:

1. *La fenêtre a été ouverte.*
2. *Le sac de Monique a été placé sous la table.*
3. *Une phrase a été écrite au tableau.*

   ...

Weitere Hinweise:

Das Spiel muss nicht als Wettbewerb im Team gestaltet werden. Es kann auch immer ein Schüler vor die Tür geschickt werden, der zwei bis drei Veränderungen erkennen muss.

Das Spiel kann auch zur Wiederholung der Vergangenheitstempora genutzt werden, wenn man die Ausgangsfrage entsprechend formuliert: *Qu'est-ce qu'on a changé?*

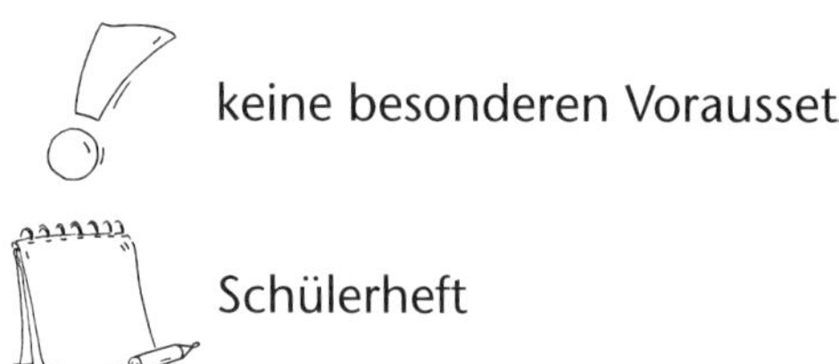

keine besonderen Voraussetzungen

Schülerheft

Durchführung:

- Lehrer schreibt die Zahlen 1 bis 10 senkrecht an die Tafel.
- Dann wird Klasse in zwei Gruppen geteilt.
- Schüler schreiben nun die Zahlen ebenfalls senkrecht untereinander in ihr Heft.
- Jeder Schüler der einen Schülergruppe muss nun nach einem bestimmten Schema 10 verschiedene Satzanfänge aufschreiben, während die Schüler der anderen Gruppe den Satz nach demselben Schema auf 10 verschiedene Weisen zu Ende führen.
- Der Lehrer ruft zunächst einen Schüler der einen Gruppe auf und fordert ihn auf, einen seiner Teilsätze (Nr. 1 – 10) vorzulesen. Im Anschluss fordert er einen Schüler der anderen Gruppe auf, einen seiner Teilsätze vorzulesen, wobei der Lehrer wiederum die Nummer vorgibt. So entstehen „Zufallssätze".

Beispiele:

Mögliche Satzmuster:

1. *Si je/on …* (Gruppe 1), *je/on …* (Gruppe 2).
   Si je gagnais un voyage au bout du monde, je …
2. *Que signifie …* (Gruppe 1), *… signifie ….* (Gruppe 2).
   Que signifie aimer ? – Aimer signifie …

Weitere Hinweise:

Auf diese Weise können sehr lustige, aber auch poetische Sätze entstehen, die im weiteren Unterrichtsverlauf zu Gedichten oder Texten ausgeweitet werden können.

Schüler beherrschen die Regeln für die Bildung von Konditionalsätzen

evtl. Karten mit verschiedenen Situationsvorgaben bzw. Fragen und Schülerheft

Durchführung:

- Lehrer gibt den ersten Teil eines Bedingungssatzes vor und ruft einen Schüler auf.
- Dieser Schüler muss den Satz zu Ende führen und einen weiteren Schüler aufrufen.
- Nun muss der zweite Teil des Satzes als Anfang des neuen Bedingungssatzes verwendet werden.
- Lassen sich keine sinnvollen Sätze mehr bilden, kann ein neuer Ausgangssatz formuliert werden.

Beispiel:

Si je gagnais un million d'euros …
…, je ferais le tour du monde.

Si je faisais le tour du monde,
je commencerais en Irlande.

Si je commençais en Irlande, …

Weitere Hinweise:

Variante:

Der Lehrer kann auch mehrere Karten mit unterschiedlichen Situationen bzw. Fragen vorbereiten. Ein Schüler zieht dann eine der Karten, liest die entsprechende Frage vor und seine Mitschüler müssen die Antwort auf die Frage in ihr Heft schreiben. Die Antworten können im Plenum vorgetragen werden.

Beispiele:

Qu'est-ce que tu ferais avec mille euros?

Où est-ce que tu passerais tes prochaines vacances, si tu avais le choix?

Qu'est-ce que tu emporterais sur une île déserte comme unique chose?

keine besonderen Voraussetzungen

Tafel

Durchführung:

- Lehrer schreibt einen zentralen Begriff oder das aktuelle Thema in farbigen Großbuchstaben an die Tafel.
- Schüler suchen zu jedem Buchstaben einen inhaltlich passenden Begriff. Die Begriffe müssen nicht unbedingt mit den Buchstaben des Begriffs an der Tafel beginnen.

Beispiel:

P lace des Vosges

A rc de Triomphe

Tou **R** Eiffel

I le de la Cité

S acré Cœur

Weitere Hinweise:

Der Lehrer sollte darauf achten, für jede Assoziation eine Begründung einzufordern, um Ein-Wort-Antworten zu vermeiden und um die Schüler zum Sprechen zu animieren.

Man kann den Schwierigkeitsgrad erhöhen, wenn die Buchstaben des Begriffs die ersten der neuen Wörter sein müssen.

keine besonderen Voraussetzungen

Karten mit Fragen und jeweils vier Antwortmöglichkeiten

Durchführung:

- Für die Quizshow werden ein Moderator und zwei gegeneinander antretende Teams mit jeweils zwei Kandidaten ausgewählt.
- Der Moderator erhält die Karten mit Fragen, zu denen es immer vier Antwortmöglichkeiten gibt. Jedes Team verfügt zudem über einen Publikumsjoker und einen 50:50-Joker.
- Für jede richtig beantwortete Frage erhält das entsprechende Team einen Punkt.
- Wird eine Frage falsch beantwortet, kommt das nächste Team an die Reihe.

Beispiele:

1. *Un plat préféré des Français est une spécialité d'Afrique du Nord. Qu'est-ce que c'est?*

   a) *Le couscous* b) *Le chocolat*
   c) *Le pili-pili* d) *La raclette*

2. *Combien de pays ont une frontière commune avec la France?*

   a) *Cinq* b) *Sept*
   c) *Huit* d) *Six*

3. *Quelle ville ne se trouve pas en Bretagne?*
   a) *Brest* b) *Le Havre*
   c) *Rennes* d) *Saint-Malo*

4. *Le Président de la République habite à*

   a) *Versailles.* b) *Fontainebleau.*
   c) *l'Elysée.* d) *Vaux le Vicomte.*

Lösung: 1 a), 2 c), 3 b), 4 c)

Weitere Hinweise:

Die Methode ist besonders am Ende einer Unterrichtseinheit zur Wiederholung der aktuellen Lerninhalte geeignet.
Die Schüler können als Hausaufgabe Fragekarten vorbereiten.

keine besonderen Voraussetzungen

evtl. Tafel

Durchführung:

- Lehrer teilt die Klasse in kleine Gruppen.
- Jede Gruppe entscheidet sich für ein Land der Frankophonie und sucht sieben Begriffe, die charakteristisch für dieses Land sind, ohne dass die Gruppen voneinander wissen, für welches Land sich die anderen Gruppen entschieden haben.
- Jede Gruppe nennt nun nach und nach die Begriffe. Die anderen Gruppen müssen raten, um welches Land es sich handelt.
- Gewonnen hat die Gruppe, die die meisten Länder errät.

Beispiel:

© *hassan bensliman – Fotolia.com*

la plage

la mer

le désert

la montagne

l'arabe

un thé à la menthe

Tahar Ben Jelloun

Weitere Hinweise:

Man kann die Schüler die Begriffe nach verschiedenen Vorgaben suchen lassen: Es dürfen nur Verben, Adjektive, Substantive etc. genannt werden.
Die Schüler können auch die Anweisung erhalten, zunächst die Substantive, dann die Adjektive, dann die Verben und zuletzt die Eigennamen zu nennen.

keine besonderen Voraussetzungen

evtl. Overheadprojektor und Folie mit Rätseln

Durchführung:

- Schüler werden in mehrere Gruppen aufgeteilt.
- Lehrer projiziert die Rätselfragen an die Wand.
- Gewonnen hat die Gruppe, die am schnellsten alle Rätsel gelöst hat.

Beispiele:

1. *Qu'est-ce qui est rond, rouge, vert ou jaune, que l'on peut manger en dessert et qui est un fruit? (La pomme)*
2. *Qu'est-ce qui a été construit en 1889, qui porte le nom de son constructeur dont le prénom est Gustave, qui est en fer, qui mesure 324 mètres et que l'on peut visiter à Paris? (La Tour Eiffel)*

Die Rätsel müssen nicht als Frage formuliert werden:

3. *On me boit noir ou au lait. Qui suis-je? (Le café)*
4. *Je suis une boisson aux fruits qui n'aime pas attendre. (Le citron pressé)*
5. *On me fait sauter et puis on me mange avec de la confiture ou du sucré. (La crêpe)*
6. *Je suis un grand monument au bout des Champs-Elysées, situé sur la place de l'Etoile, aujourd'hui place Charles-de-Gaulle. A mes pieds, il y le Tombeau du Soldat Inconnu. (L'Arc de Triomphe)*
7. *Je suis une ancienne province au sud-est de la France, occupée déjà au 2e siècle av. J.-C. par les Romains. Mon climat est très agréable et mes villes telles qu'Avignon, Arles, Nîmes, Nice ou Cannes sont connues dans le monde entier. (La Provence)*

Weitere Hinweise:

Die erratenen Begriffe sollten zum Thema der Stunde führen oder Schlüsselbegriffe der letzten Stunde sein, um die Inhalte wiederholen zu können.

Die Schüler können als Hausaufgabe den Auftrag erhalten, zu den Vokabeln einer Lektion selbst Rätselfragen zu erstellen.

Schüler kennen die Personen, um die es geht.

Namensschild (am besten Etikettenaufkleber) mit den Namen der zu erratenden Personen

Durchführung:

- Einige Schüler nehmen auf Stühlen vor der Klasse Platz.
- Jedem dieser Schüler wird jeweils ein Schild mit dem Namen einer berühmten Person auf die Stirn geklebt, ohne dass er weiß, welche Person er nun repräsentiert.
- Die Schüler stellen Fragen an die Klasse, um herauszufinden, welche Persönlichkeit sie darstellen. Es dürfen nur Fragen gestellt werden, die mit „Ja" oder „Nein" beantwortet werden können.
- Wenn eine Frage verneint wird, fragt der nächste Schüler weiter.

Beispiel:

Auf dem Namensschild steht *Coco Chanel.* Die Person mit diesem Zettel auf der Stirn fragt:

Est-ce que je suis une femme? — *Oui.*
Est-ce que je vis encore? — *Non.* (Der Nächste ist an der Reihe.)
...
Je suis donc une femme morte? — *Oui.*
Je suis célèbre à cause de mon travail? — *Oui.*

Weitere Hinweise:

Variante 1: Man kann anstelle von bekannten Personen auch Berufe oder Tätigkeiten (Verben) erraten lassen.

Variante 2: Die Schüler können auch Figuren aus dem Lehrbuch oder einer Lektüre darstellen und Fragen ihrer Mitschüler zu deren Charakter, Einstellungen, Plänen etc. aus der Perspektive dieser Figur beantworten.

Variante 3: Es muss ein Mitschüler aus der Klasse erraten werden. Er wird dabei durch seine Reaktionen oder Aktionen in bestimmten Situationen beschrieben.

Mögliche Fragen und Anworten:

S'il faisait du sport, quel sport ferait-il? — *S'il..., il jouerait au tennis.*
S'il était riche, que ferait-il ? — *S'il..., il organiserait une fête pour nous.*
S'il avait du chocolat ? — *S'il..., il le mangerait tout de suite.*

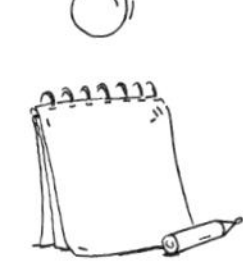

keine besonderen Voraussetzungen

Namens- und Fragekarten

Durchführung:

- Lehrer stellt zwei Stapel mit Karten zur Verfügung. Auf den Karten des einen Stapels stehen die Namen der Schüler, auf den anderen Karten die Fragen zum Thema der letzten Stunde.
- Nun wird jeweils eine Namenskarte und eine Fragekarte gezogen. Der betreffende Schüler muss dann die Frage beantworten.

Beispiel:

Elena	*Nomme trois sites touristiques de la ville de Paris.*

Weitere Hinweise:

Möglich ist auch, auf die Innenseiten der Karten Gegensatzpaare zu schreiben. Die Schüler werden dann in Vierergruppen geteilt und jede Vierergruppe erhält einen Satz Memory®-Karten, die gut gemischt und verdeckt auf dem Tisch verteilt werden. Wechselweise decken die Spieler jeweils zwei Karten auf. Wird ein Begriffspärchen gefunden, darf der jeweilige Spieler die Karten behalten. Karten, die kein Begriffspaar bilden, werden wieder umgedreht und der nächste Spieler ist an der Reihe. Gewonnen hat, wer die meisten Kartenpaare gefunden hat.

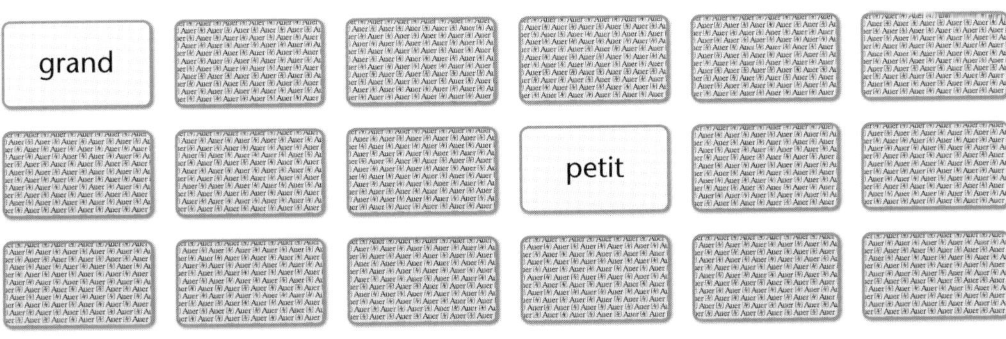

3.7 *Jouez la fête!*

ca. 5 Min. ab 3. Lj.

Schüler kennen die wichtigsten französischen Feiern, Bräuche, Traditionen

Karten mit den wichtigsten französischen Feiern, Traditionen etc.

Durchführung:

- Klasse wird in mehrere kleine Gruppen eingeteilt.
- Jede Gruppe zieht einen Zettel, auf dem eine französische Feier, Tradition etc vermerkt ist.
- Jede Gruppe muss nun die entsprechende Feier pantomimisch darstellen.
- Mitschüler raten, um welche Feier es sich handelt.

Beispiele:

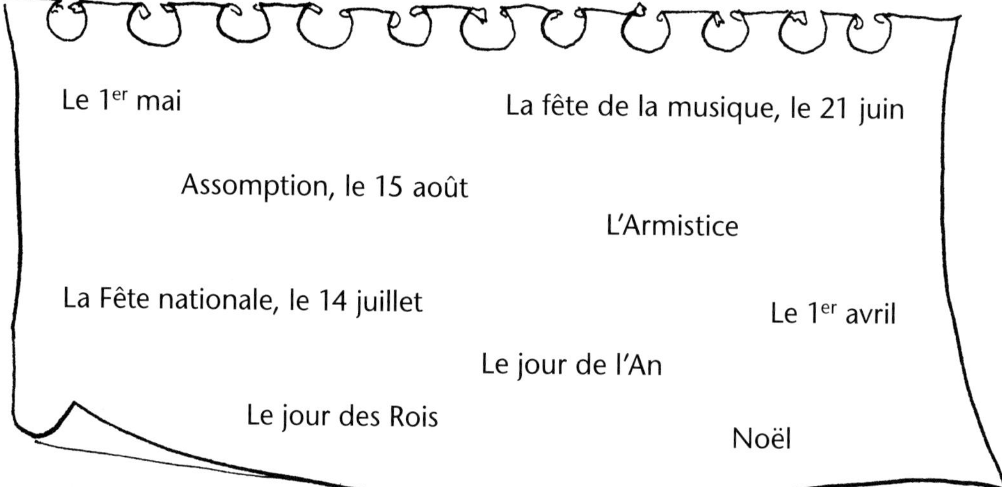

Weitere Hinweise:

Die Schüler können aufgefordert werden, im Anschluss an die Darstellung der jeweiligen Feier einen Dialog zu verfassen.

keine besonderen Voraussetzungen

Vokabeln für den *dialogue mini-maxi*, Overheadprojektor und Folie oder Tafel

Durchführung:

- Lehrer gibt sechs bis zehn Vokabeln als Dialogbruchstücke an der Tafel oder auf Folie vor.
- Zwei Schüler müssen nun abwechselnd diese Dialogbruchstücke zu einem vollständigen Dialog ergänzen.

Beispiel:

A: mercredi
B: le cinéma
A: le sport
B: un restaurant
A: Dominique
B: 20 h

A: Qu'est-ce qu'on peut faire mercredi soir?
B: On pourrait aller au cinéma. Qu'est-ce que tu en penses?
A: …

Weitere Hinweise:

Der Lehrer kann auch zwei Schüler bitten, nacheinander jeweils sechs Vokabeln zu nennen, die an der Tafel fixiert werden. Zwei Mitschüler erstellen dann aus der Vorgabe einen Dialog.

Variante:

Zwei Schüler erhalten eine Karte, die einen Ort vorgibt. Die beiden Schüler müssen nun einen kurzen Dialog entwickeln, der sich an diesem Ort ergeben könnte.

Beispiele:

A la bibliothèque	*Au supermarché*	*Chez le médecin*
Dans le train	*A l'hôtel*	*Au camping*
Au cinéma	*Au magasin de sport*	*A la piscine*

Schüler sind mit dem aktuellen Lehrbuchtext vertraut

Tafel oder Overheadprojektor und Folie mit Abschnitt des Lehrbuchtextes in löschbarem Folienstift

Durchführung:

- Lehrer schreibt einen kurzen Abschnitt des Lehrbuchtextes an die Tafel oder legt ihn auf Folie auf.
- Dieser Text wird von verschiedenen Schülern laut vorgelesen.
- Nun löscht der Lehrer einige Wörter des Textes.
- Ein Schüler liest den Text erneut vor und muss dabei die fehlenden Wörter aus dem Gedächtnis ergänzen.
- Es werden schrittweise immer mehr Wörter gelöscht, sodass der Abschnitt am Ende auswendig wiedergegeben werden muss.

Beispiel:

Julien est un jeune garçon qui vit à Paris. Après l'école, il aime sortir avec ses copains. Souvent ils vont au centre-ville pour faire du roller. Mais parfois ils vont aussi au cinéma.

est un jeune qui vit à . Après , il aime sortir

avec . Souvent ils vont au pour faire du .

Mais parfois ils aussi au .

Weitere Hinweise:

Man kann auch den Anfang eines Gesprächs vorgeben, das die Schüler dann anschließend weiterführen müssen.

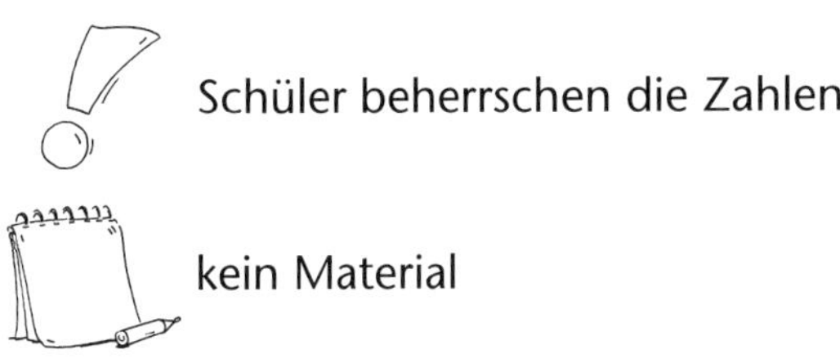

Schüler beherrschen die Zahlen

kein Material

Durchführung:

- Schüler nennt eine mehrstellige Zahl und ruft einen Mitschüler auf.
- Der Mitschüler muss die Zahl nun umdrehen.
- Dann nennt er eine neue Zahl und ruft einen anderen Mitschüler auf.

Beispiele:

35 → 53   165 → 561

78 → 87   234 → 432

96 → 69   387 → 783

Weitere Hinweise:

Variante 1:

Die Schüler beginnen der Reihe nach zu zählen. Dabei dürfen Zahlen, die eine 3 enthalten oder durch 3 teilbar sind, nicht genannt werden. Stattdessen muss ein bestimmtes Wort, das zuvor vereinbart wurde, genannt werden. Wer einen Fehler macht, scheidet aus. Gewonnen hat, wer am Ende übrig bleibt.

Nach und nach erhöht man das Tempo, in dem gezählt wird.

Variante 2:

Der Lehrer schreibt mehrere mehrstellige Zahlen verteilt an die Tafel.

Zwei Schüler spielen gegeneinander. Jeder hat ein andersfarbiges Stück Kreide. Ein dritter Schüler liest nun die Zahlen, die an der Tafel stehen, langsam vor. Die beiden Spieler versuchen, so schnell wie möglich die jeweils genannte Zahl durchzustreichen. Gewonnen hat, wer die meisten Zahlen mit seiner Farbe markiert hat.

keine besonderen Voraussetzungen

Overheadprojektor und Folie oder Tafel

Durchführung:

- Lehrer schreibt verschiedene Wörter ohne erkennbare Reihenfolge an die Tafel oder legt eine entsprechende Folie auf.
- Schüler müssen nun thematisch zusammengehörige Wörter finden und daraus einen sinnvollen Satz konstruieren.
- Wer innerhalb von 5 Minuten die meisten Sätze gebildet hat, hat gewonnen.

Beispiel:

Citroën précarité vivre Internet fabriquer des Français

de pauvreté acheter voitures le seuil la moitié déjà

exporter un quart des jeunes en ligne

Citroën fabrique et exporte des voitures.

Weitere Hinweise:

Die Schüler können auch in Gruppen zusammenarbeiten.

4.5 Einsatz von Bildern

ca. 5 Min. ab 2. Lj.

keine besonderen Voraussetzungen

Overheadprojektor und Overheadfolien mit Fotos, Bildern, evtl. Fragekarten

Durchführung:

- Lehrer legt ein Bild auf, das eine oder mehrere Personen des Lehrbuchs zeigt oder das auf das Stundenthema hinweist oder aber im Zusammenhang mit den aktuellen Lerninhalten steht.
- Schüler können spontan sagen, was sie auf dem Bild sehen, stellen den Zusammenhang mit dem Unterrichtsstoff her oder äußern Vermutungen.
- Lehrer kann weiterführende Fragen stellen oder aber Fragekarten an die Schüler ausgeben, die beantwortet werden müssen.

Beispiel:

Fragekarten:

1. *Qu'est-ce qui s'est passé une heure plus tôt?*
2. *Qu'est-ce qu'on entend et qu'est-ce qu'on sent (bruits, parfums, etc.)*
3. *Pourquoi ce personnage est-il à cet endroit?*
4. *Qu'est-ce que ce personnage va faire le week-end prochain?*
5. *Imaginez la biographie de cette personne.*
6. *Mettez-vous à la place de cette personne et imaginez ce qu'elle pense.*

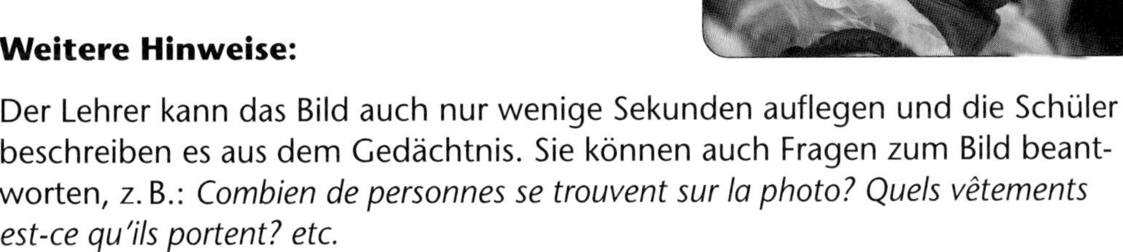

Weitere Hinweise:

Der Lehrer kann das Bild auch nur wenige Sekunden auflegen und die Schüler beschreiben es aus dem Gedächtnis. Sie können auch Fragen zum Bild beantworten, z. B.: *Combien de personnes se trouvent sur la photo? Quels vêtements est-ce qu'ils portent? etc.*

Das Bild kann auch erst nach und nach erkennbar gemacht werden, indem es in Puzzleteile zerschnitten wird und die Schüler Anweisungen geben, wie die einzelnen Teile zusammengelegt werden sollen.

keine besonderen Voraussetzungen

Overheadprojektor und Folie oder Tafel

Durchführung:

- Lehrer malt drei bis vier Gesichter, die unterschiedliche Stimmungen ausdrücken, an die Tafel.
- Ein oder mehrere Schüler verbalisieren die Stimmungen der einzelnen Gesichter und setzen sie in Beziehung zum aktuellen Lehrbuchtext oder zu ihrer eigenen Person.

Beispiele:

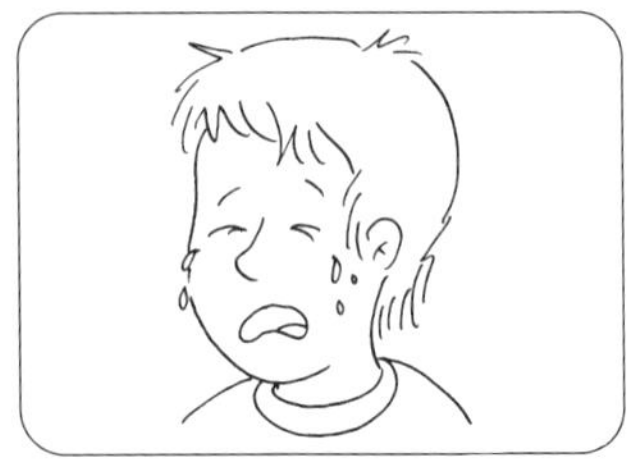

Weitere Hinweise:

Die Schüler können die jeweilige Stimmungslage auch in Form eines Wetterberichts formulieren.

keine besonderen Voraussetzungen

Overheadprojektor und Folie oder Tafel, evtl. Korken

Durchführung:

- Lehrer legt eine Folie mit einem oder mehreren Zungenbrechern auf oder schreibt ihn/sie an die Tafel und fordert einen Schüler auf, ihn spontan vorzulesen. Der Zungenbrecher kann auch zunächst langsam und dann immer schneller vorgelesen werden.
- Weitere Schüler lesen denselben Zungenbrecher mit Wettbewerbscharakter vor. Derjenige, der den Zungenbrecher am schnellsten fehlerfrei aufsagen kann, hat gewonnen.

Beispiele:

1. *Ton thé a-t-il ôté ta toux?*
2. *Un chasseur sachant chasser sans son chien est un bon chasseur.*
3. *Si six scies scient six cyprès six cent scies scient six cent six cyprès.*
4. *A l'île aux lilas le loup lit la loi.*
5. *Si mon tonton tond ton tonton, ton tonton tondu sera.*
6. *Trois tortues trottaient sur trois étroits toits trottant ces trois étroits toits trottaient trois tortues trottant.*

Eine ganze Reihe von Zungenbrechern finden Sie unter: https://www.lern-online.net/franzoesisch/lesen/sprueche/zungenbrecher/

Weitere Hinweise:

Die Schüler können auch zunächst einige Minuten zur stillen Vorbereitung auf das Vorlesen erhalten.

Zur Schulung einer genauen Aussprache können die Schüler Korken zwischen die Zähne klemmen und dann die Zungenbrecher vorlesen.

4.8 *Que de questions! Qui – que – quoi?*

ca. 5 Min. | ab 2. Lj.

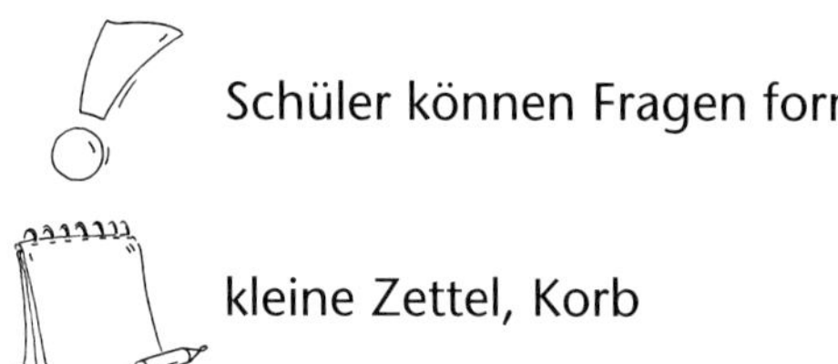

Schüler können Fragen formulieren

kleine Zettel, Korb

Durchführung:

- Jeder Schüler schreibt innerhalb von drei Minuten möglichst viele Fragen auf einzelne Zettel.
- Anschließend sammelt der Lehrer die Zettel in einem Korb.
- Ein Schüler zieht einen Zettel und stellt die darauf stehende Frage einem Mitschüler, der die Frage beantworten muss und die nächste Frage zieht.

Beispiele:

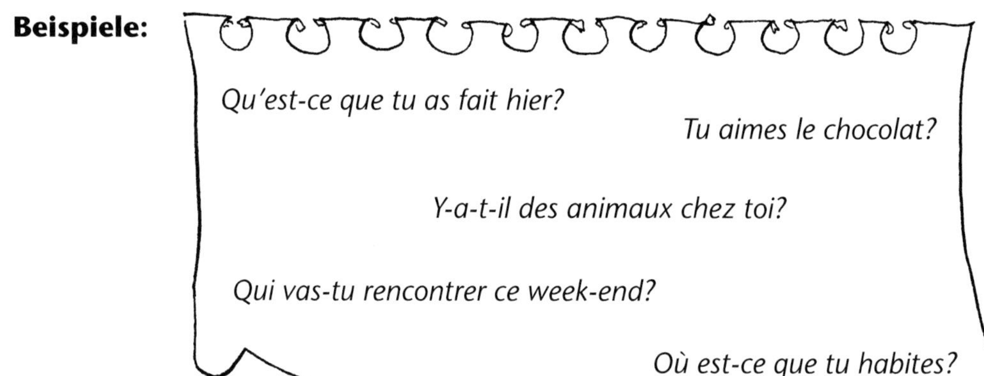

Weitere Hinweise:

Man sollte darauf achten, dass die Fragen nicht mit „oui" oder „non" beantwortet werden können.

Variante:

Die Schüler können auch aufgefordert werden, der Reihe nach jeweils eine Frage zu beantworten und dann die nächste Frage zu stellen. Die Frage muss sich dabei auf das bisherige Gespräch beziehen. Die Schüler müssen dann Überleitungen finden, wenn sie das Thema wechseln wollen.

Beispiel:

- *Qu'est-ce que tu as fait hier soir?*
- *J'étais au cinéma.*
- *Quel film est-ce que tu as regardé?*

…

4.9 *Monologue-minute*

keine besonderen Voraussetzungen

Tafel/Overheadprojektor und Folie oder Kärtchen mit Themen, Schülerheft

Durchführung:

- Lehrer gibt an der Tafel oder auf Folie ein Thema vor.
- Schüler erhalten nun zwei Minuten Zeit, um sich Gedanken und Notizen zu diesem Thema zu machen.
- Einige Schüler tragen nach den zwei Minuten ihren *monologue-minute* (einminütige Rede) vor.

Beispiele:

les vacances	*ton dernier film*	*L'échange scolaire*
ton hobby	*ton sport préféré*	*le week-end*
la banlieue	*La Bretagne*	*L'importance de l'Internet pour toi*
musique?	*professeur?*	*télé?*
amis?	*livres?*	*sorties?*
heureux?	*plat préféré?*	*études?*

Weitere Hinweise:

Der Lehrer kann auch Kärtchen mit verschiedenen Themen vorbereiten und die Schüler ziehen jeweils ein Kärtchen und bereiten eine 1-Minuten-Rede zu dem gezogenen Thema vor.

Die Themen können in höheren Klassen auch als Fragen formuliert werden, damit sie mehr Aufforderungscharakter besitzen (z. B. *Est-ce que tu penses que Dieu existe? Que fais-tu pour protéger l'environnement?*).

Variante

Der Lehrer kann auch mehrere einzelne Begriffe zu einem Thema vorgeben, die die Schüler in ihrem *monologue-minute* verwenden müssen.

keine besonderen Voraussetzungen

kein Material

Durchführung:

- Lehrer wählt ein längeres Wort aus, das er in einzelne Silben zerlegt.
- Jede einzelne Silbe muss nun so erklärt werden, dass die Schüler die jeweilige Silbe erraten und durch Zusammensetzen der erratenen Silben das gesuchte Wort finden.

Beispiele:

cha-ra-de

Ma première syllabe est un animal domestique sans le «t» à la fin (chat).

Ma deuxième syllabe est aussi un animal. Il ressemble à une souris en plus grand sans le «t» à la fin (rat).

Ma troisième syllabe est une préposition (de).

Le mot cherché est un jeu (charade).

Pa-ris

Ma première syllabe est une préposition sans le «r» à la fin (par).

Ma deuxième syllabe est un verbe à la deuxième personne singulier.
C'est ce qu'on fait quand on est heureux (tu ris).

Le mot cherché est une grande ville française (Paris).

Weitere Hinweise:

Die Schüler können als Hausaufgabe Scharaden für ihre Mitschüler vorbereiten.

keine besonderen Voraussetzungen

Karten mit Verben, Tafel

Durchführung:

- Schüler zieht eine Karte, auf der ein Verb notiert ist.
- Mitschüler stellen ihm nun so lange Fragen, bis sie das Verb erraten haben.
- In den Fragen ersetzen die Schüler das Verb mit dem Fantasiewort *„tirelipoter"*.
- Kann eine Frage mit „Ja" beantwortet werden, darf der Schüler, der sie gestellt hat, ein Verb vorschlagen. Muss die Frage mit „Nein" beantwortet werden, ist der nächste Schüler an der Reihe.
- Das Spiel kann auch in Gruppen, die gegeneinander antreten, gespielt werden.
- Zur Festigung des Vokabulars werden die erratenen Begriffe an der Tafel fixiert.

Beispiel:

manger

Est-ce que je peux tirelipoter en classe?	*Normalement non.*
Est-ce que je peux tirelipoter à la maison?	*Oui.*
Est-il possible de tirelipoter seul?	*Oui. A quel verbe penses-tu? Dormir?*
	Non.
Est-ce qu'on peut tirelipoter sous la douce?	*Non.*

…

Weitere Hinweise:

Man kann die Schüler auffordern, Karten mit verschiedenen Verben als Hausaufgabe vorzubereiten.

Variante:

Der Lehrer kann die Verben auf den Karten mit einem passenden Substantiv ergänzen. Der Schüler, der die Karte gezogen hat, muss dann diese Wendung pantomimisch darstellen und die Mitschüler erraten, um welches Verb es sich handelt. Man kann vereinbaren, dass die Mitspieler sagen, was der Mitschüler dargestellt hat. Auf diese Weise benutzen die Schüler die Verben in den Vergangenheitsformen.

préparer un café	chanter une chanson	faire sa valise

keine besonderen Voraussetzungen

evtl. Schülerheft

Durchführung:

- Lehrer schreibt eine „verrückte" Fragestellung an die Tafel.
- Schüler erhalten 3–4 Minuten Zeit, sich eine Antwort auszudenken oder in ihrem Heft schriftlich festzuhalten.
- Die verschiedenen Antworten werden im Plenum vorgestellt und erläutert.

Beispiele:

1. *Qu'est-ce qu'on pourrait faire pour vous faire rire tous pendant dix minutes?*
2. *Comment pourrait-on convaincre toute la classe de porter que des vêtements rouges tous les lundis?*

Weitere Hinweise:

Die Schüler können auch den Auftrag erhalten, sich weitere „verrückte Ideen bzw. Fragestellungen" auszudenken.

.1 Lügendetektor

ca. 5 Min. | ab 1. Lj.

keine besonderen Voraussetzungen

vom Lehrer veränderter Text

Durchführung:

- Lehrer liest der Klasse den aktuellen Lehrbuchtext vor.
- Zuvor muss der Lehrer im Text einige Einzelheiten verändern, sodass einige Aussagen falsch sind.
- Schüler müssen die falschen Informationen erkennen.

Weitere Hinweise:

Bei dem Text muss es sich nicht zwingend um den aktuellen Lehrbuchtext handeln. Wird ein neuer, unbekannter Text vorgetragen, kann auf diese Weise das Vorwissen der Schüler zum entsprechenden Thema abgeprüft werden.

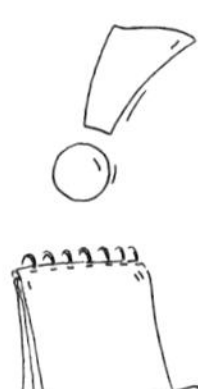

Schüler kennen den aktuellen Lehrbuchtext

Lehrbuch oder Overheadprojektor und Folie

Durchführung:

- Lehrbücher sind geschlossen.
- Lehrer liest der Klasse den aktuellen Lehrbuchtext vor und hält an Schlüsselstellen inne.
- Die Schüler müssen aus dem Gedächtnis den jeweiligen Satz zu Ende führen.

Weitere Hinweise:

Man kann den Text auch von einem Schüler vorlesen lassen, der selbst entscheidet, an welchen Stellen er stoppt.

Diese Übung kann auch zur Wiederholung des aktuellen Grammatikstoffes dienen, wenn der Lehrer gezielt die entsprechenden Formen von den Schülern nennen lässt.

Die Schüler können auch aufgefordert werden, als Hausaufgabe einen Lückentext zum aktuellen Lehrbuchtext zu gestalten.

Variante:

Der Lehrer kann einen Ausschnitt des Lehrbuchtextes „codieren" und auf Folie präsentieren, indem er z. B. alle Vokale weglässt, einzelne Buchstaben vertauscht etc. Ein Schüler liest den Text dann so vor, wie er richtig lauten muss.

Bei dieser Variante muss unbedingt darauf geachtet werden, dass die Codes nicht zu schwierig sind.

5.3 Heiße Kartoffel

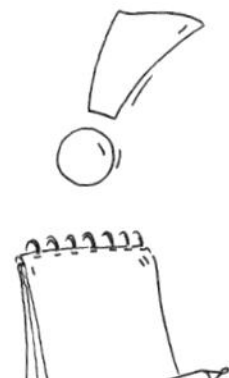

keine besonderen Voraussetzungen

Stoffball oder Ähnliches zum Werfen

Durchführung:

- Lehrer stellt eine Frage zum aktuellen Lehrbuchtext, zu einem bestimmten Thema oder zum Inhalt der letzten Stunde und wirft einem Schüler die „heiße Kartoffel" (d. h. den Ball) zu.
- Schüler versucht nun, die Frage so schnell wie möglich zu beantworten. Anschließend wirft er die „heiße Kartoffel" einem Mitschüler zu. Ziel ist es, die „heiße Kartoffel" möglichst schnell weiterzureichen.
- Wird eine Frage nicht oder nicht richtig beantwortet, gibt der Lehrer sie an einen anderen Schüler weiter.

Weitere Hinweise:

Dieses Spiel kann auch gut während der Stunde zur Überprüfung, Wiederholung und Festigung verschiedenster Inhalte zum Einsatz kommen (Grammatik, Textinhalte usw.)

Die Schüler wissen, was ein Standbild ist.

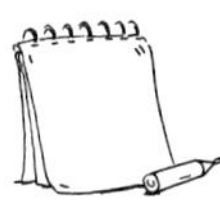

Karten mit Szenen aus dem aktuellen Lehrbuchtext oder Themen, die dargestellt werden sollen.

Durchführung:

- 2–3 Schüler erhalten eine Karte mit der Szene oder dem Thema, das sie im Standbild darstellen sollen.
- Schüler besprechen sich kurz und bauen ihr Standbild auf.
- Mitschüler erraten, um welche Szene oder um welches Thema es sich handelt. Fragen sind erlaubt.

Weitere Hinweise:

Man kann die Schüler, die das Standbild bauen, auch auffordern, zur dargestellten Szene einen kurzen Dialog mit ein bis zwei Sätzen pro Person zu erarbeiten. Nachdem die Klasse die Szene erraten hat, präsentiert die Standbildgruppe ihren Dialog.

Das Spiel eignet sich hervorragend, um Szenen aus einer Klassenlektüre darstellen zu lassen.

keine besonderen Voraussetzungen

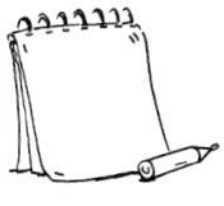

Text, der in einzelne Sätze oder Abschnitte zerschnitten ist, auf Folie; Overheadprojektor und Originaltext auf Folie zur Kontrolle

Durchführung:

- Lehrer legt die Textteile in ungeordneter Reihenfolge auf den Overheadprojektor.
- Schüler versuchen nun, die Textteile in die richtige Reihenfolge zu bringen.
- Haben sich die Schüler für eine Reihenfolge entschieden, legt der Lehrer den Originaltext zur Kontrolle auf.

Beispiel:

Oui.

L'addition, s'il vous plaît.

C'est deux fois le plat du jour.

C'est pour deux?

Bonjour.

Qu'est-ce que je vous sers?

Weitere Hinweise:

Man kann die Schüler auch in Gruppen aufteilen und das Textpuzzle als Wettbewerb gestalten. Die Gruppe, die als Erste die richtige Reihenfolge erstellt hat, hat gewonnen.

5.6 Kettengeschichten/Geschichten erzählen nach Stichpunkten

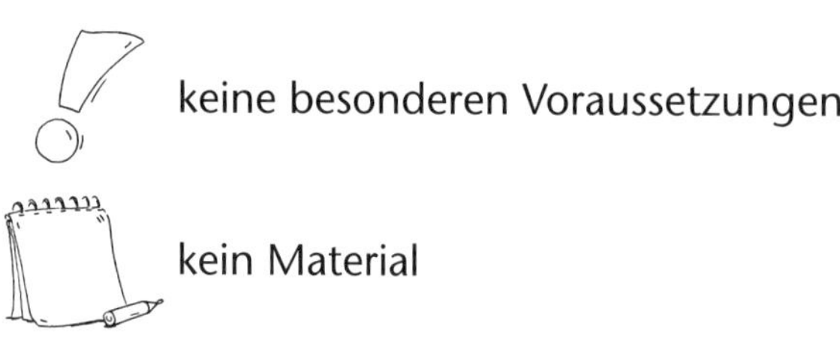

keine besonderen Voraussetzungen

kein Material

Durchführung:

- Lehrer gibt das Thema und den ersten Satz einer Geschichte vor.
- Erster Schüler wiederholt diesen Satz und führt die Geschichte durch eine Erweiterung dieses Satzes oder durch einen zweiten Satz weiter.
- Nächster Schüler verfährt ebenso.
- Ist ein Satz fehlerhaft, verbessern ihn die Mitschüler oder der Lehrer.
- Damit alle bis zum Ende konzentriert zuhören, muss ein Schüler die gesamte Geschichte am Ende noch einmal komplett erzählen.

Beispiel:

Hier quittant le bureau j'ai vu une belle femme dans la rue qui …

Weitere Hinweise:

Da diese Übung sehr hohe Anforderungen an die Konzentration stellt, kann der Lehrer auch an der Tafel Vokabeln vorgeben, die in der Geschichte verwendet werden sollen. Auf diese Weise wird auch das Thema bzw. der Verlauf der Geschichte stärker gesteuert.

Im Anfangsunterricht kann der Lehrer auf diese Weise den Lektionstext oder eine Parallelgeschichte zum Lektionstext erzählen lassen.

Man kann die Klasse auch in zwei Gruppen teilen: Die eine Gruppe erzählt die Geschichte und aus der anderen Gruppe werden ein oder mehrere Schüler ausgewählt, die die Geschichte am Ende nochmals in ganzer Länge erzählen.

keine besonderen Voraussetzungen

Overheadprojektor und Satzanfänge auf Folie, Schülerheft, evtl. Tafel

Durchführung:

- Lehrer präsentiert verschiedene Satzanfänge zum Lektionstext oder zur Lektüre auf Folie.
- Schüler werden aufgefordert, die Satzanfänge zu Ende zu führen und die kompletten Sätze in ihrem Heft zu notieren.
- Im Plenum werden anschließend die Sätze präsentiert und eventuell diskutiert.

Weitere Hinweise:

Es sollten nicht zu viele Satzanfänge vorgegeben werden.

Variante:

Der Lehrer kann auch nur die Anfangsbuchstaben der einzelnen Wörter eines Satzes jeweils auf Folie oder an der Tafel präsentieren.

Die Schüler müssen dann entsprechend dieser Vorgabe einen Satz bilden.

Beispiel:

P **a** **l** **T** **E**

Pauline **a**ime **l**a **T**our **E**iffel.

5.8 Sprichwörter/Redensarten

 ca. 7 Min. | ab 3. Lj.

keine besonderen Voraussetzungen

Karten mit verschiedenen Sprichwörtern oder Redensarten, Tafel

Durchführung:

- Schüler erhält eine Karte mit einem Sprichwort oder einer Redensart.
- Nun kann er wählen: Entweder malt er das Sprichwort oder die Redensart an die Tafel oder er stellt das Sprichwort/die Redensart pantomimisch dar.
- Die Klasse versucht, das dargestellte Sprichwort/die Redensart zu erraten.

Beispiele:

1.	*avoir le cœur sur la main*	*großzügig sein*
2.	*se lever du pied gauche*	*mit dem falschen Fuß aufstehen*
3.	*avoir l'estomac dans les talons*	*den Magen in den Kniekehlen hängen haben*
4.	*Tout commence bien qui finit bien.*	*Ende gut, alles gut*
5.	*faire les yeux doux à qn*	*jemandem schöne Augen machen*
6.	*être connu comme le loup blanc*	*bekannt sein wie ein bunter Hund*
7.	*porter de l'eau à la rivière*	*Eulen nach Athen tragen*
8.	*Il n'y a pas de fumée sans feu.*	*Kein Rauch ohne Feuer*
9.	*mener qn par le bout du nez*	*jemanden um den kleinen Finger wickeln*
10.	*se jeter dans la gueule du loup*	*sich in die Höhle des Löwen begeben*
11.	*être au bout du tunnel*	*über den Berg sein*
12.	*mettre les pieds dans le plat*	*ins Fettnäpfchen treten*
13.	*tourner autour du pot*	*um den heißen Brei herumreden*
14.	*avoir un chat dans la gorge*	*einen Frosch im Hals haben*
15.	*construire des châteaux en Espagne*	*Luftschlösser bauen*
16.	*casser du sucre sur le dos de qn*	*jemanden durch den Kakao ziehen*
17.	*ajouter son grain de sel*	*seinen Senf dazugeben*
18.	*Tout ce qui brille n'est pas or.*	*Es ist nicht alles Gold, was glänzt.*
19.	*C'est en forgeant qu'on devient forgeron.*	*Übung macht den Meister.*

Weitere Hinweise:

Das Spiel kann auch als Wettbewerb gestaltet werden, wenn man die Klasse in zwei Gruppen teilt, die gegeneinander spielen. Die Gruppe, die die meisten Sprichwörter errät, hat gewonnen. Im Anschluss an das Erraten wählt jeder Schüler ein Sprichwort und erfindet dazu eine kurze Geschichte, die dieses erläutert.